LE JARDIN DU ROI,

ou

Recueil des Plantes Curieuses,

Qui se trouvent Éparses sur la Surface

DE LA TERRE,

Faisant Suite aux Herbiers de la Chine

et du Japon,

a la Collection des fleurs de la Chine

et de l'Europe,

AUX DONS MERVEILLEUX DE LA NATURE,

DANS LE REGNE VÉGÉTAL

au Jardin d'Eden

et au grand Jardin de L'univers,

PAR J.P. BUCHOZ

Auteur de différens Ouvrages d'Histoire Naturelle

et d'Œconomie Champêtre

A Paris,

Chez l'Auteur, Rue des Grands Augustins vis-à-vis la rue Christine.

1792.

Ligusticum Cornubiense linn . La Lwesche de Cornube .

Ficus Carica linn. *La Figue Commune.*

Tradescentia Discolor linn. *Tradescenthe à Spathe ?*

Gorteria Rigens. Rhamnium Alvidor. Rhamnion en forme d'illium. la gorter roides

Orchis Habenaria linn. *Orchide à fleurs Blanches.*

Laurus Muscarona. *Bois de Canelle*.

Helleborus Lividus. *Hellebore Livide.*

Euphorbia punicea. *L'Euphorbe à feuilles rouges.*

Passiflora Lunata . La Grenadille lunée .

Juſticia Pectoralis. *Jacq. La Justice pectorale*.

Mimosa Ouvraroma. *La Sensitive en Arbre ?*

phormium   Gasteria Ringens. La gastée raide. aloires

Atropa Belladona.

hypericum japonicum.

Epimedium alpinum

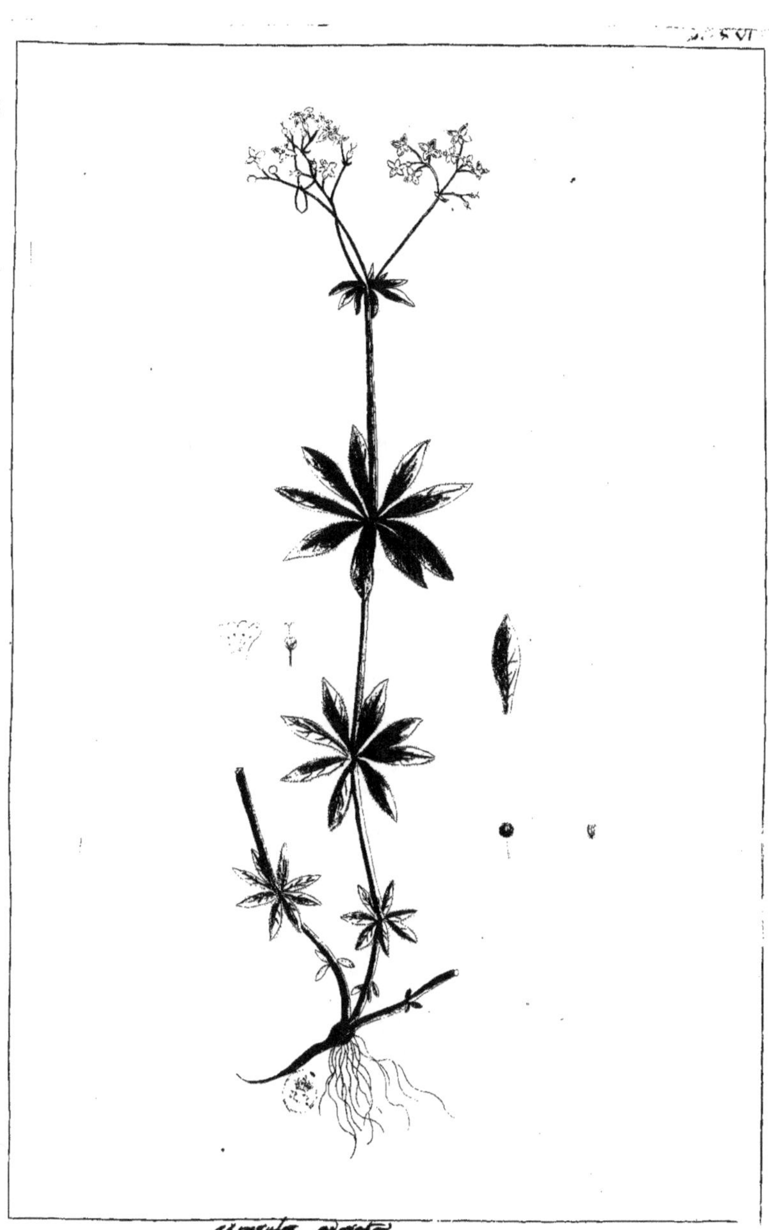

Asperula odorata

Cucurbita variegata.

Antirrhinum reticulatum . *Mufle de Veau réticulé ?*

Hedera Capitata. *Lière à tête.*

Polypodium Aureum. *Polipode doré*.

Portlandia Grandiflora. *Porlandi à grandes fleurs.*

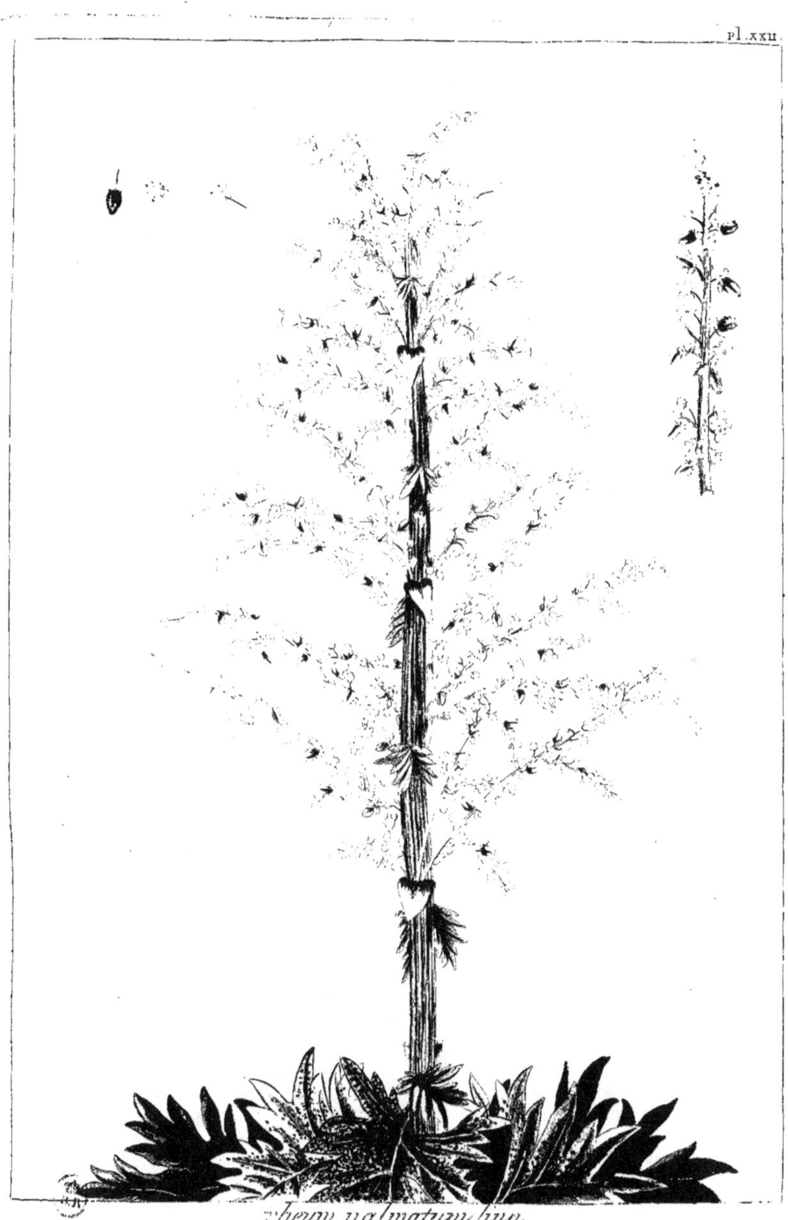

Rheum palmatum linn.
la vraye rhubarbe.

an Verbascum phœniceum?

le Bouillon Blanc a Fleurs de Violettes.

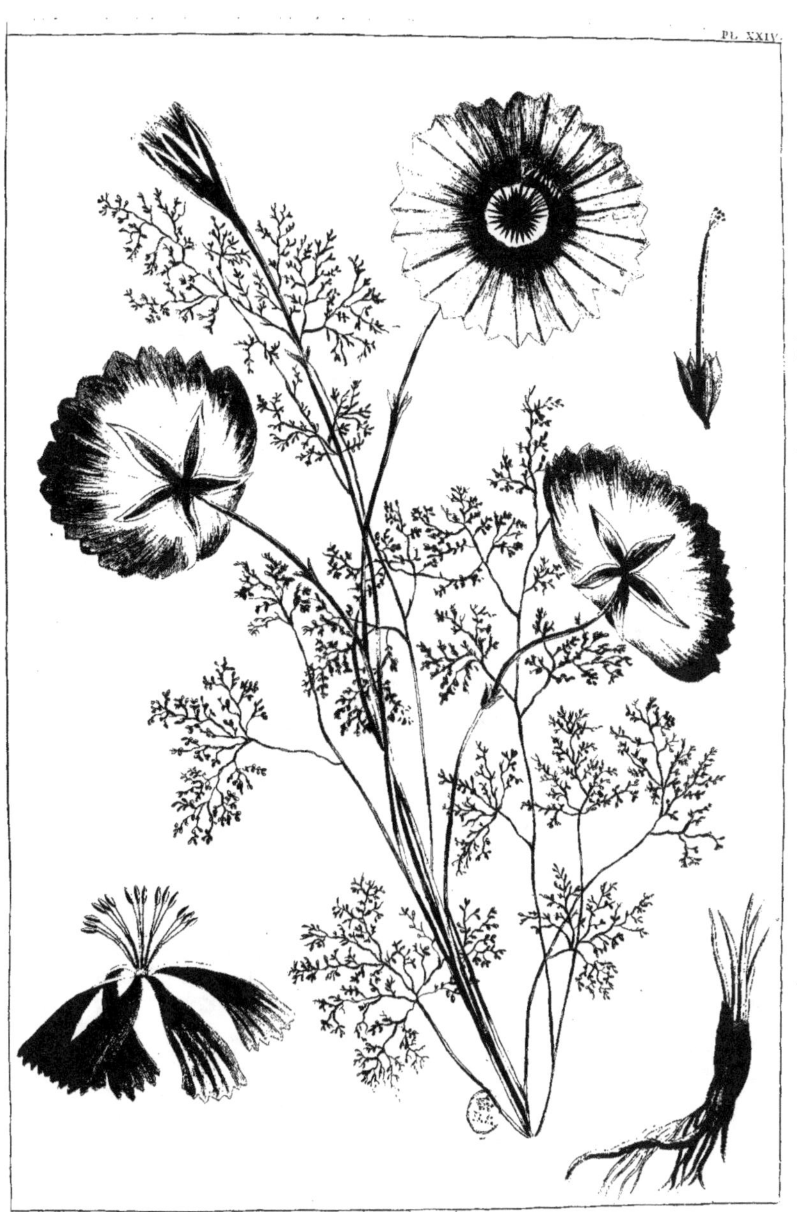

Monssonia Speciosa Lenp.
La Monsson Jolie .

Spaendoncea Tamarindi-folia.

Olea Capensis. h.t. l'Olivier du Cap.

Amaryllis Belladona. La belle Dame.

9 782329 677996